가스파르와 클라라에게 사랑을 가득 담아 감사를 전한다.
두 사람의 조언과 실력과 세심한 검토 덕분에 책이 더욱
풍성해질 수 있었다.
파스칼 프레보

이동 금지령이 내려졌던 기간 동안 나의 정신 상태를
여러 방면으로 지지해 준 베아트리스에게 감사의 마음을
전한다.
안느-샤를로트 고티에

파스칼 프레보 글 + 안느-샤를로트 고티에 그림 + 김보희 옮김

의사의 하루 24시간

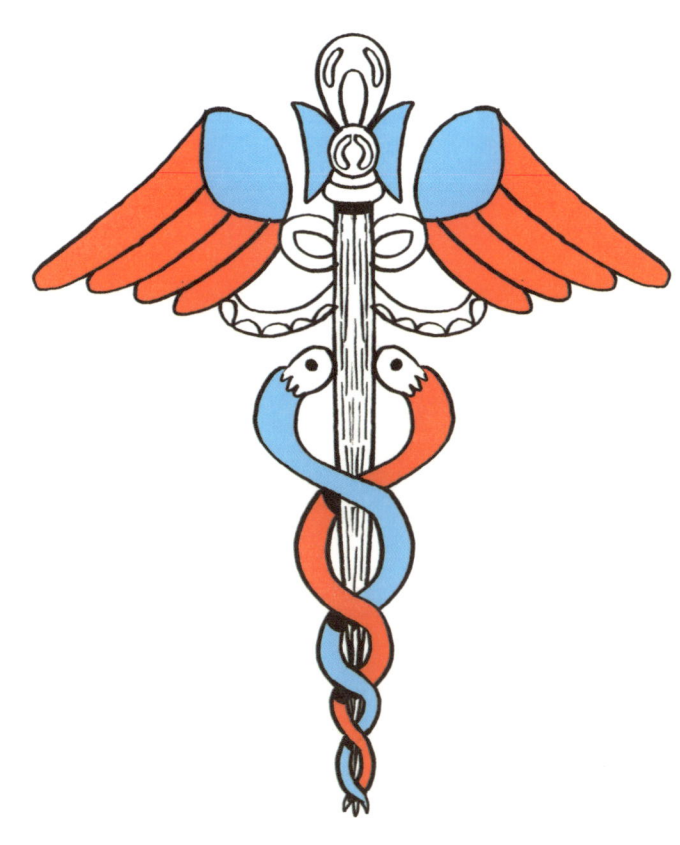

풀과바람

1 열차에서 내려 병원 앞에 서자 가슴이 두근거리기 시작해요. 당연한 일이에요! 오늘은 처음으로 의사로서 하루를 보내게 될 날이니까요. 온종일 사람들의 생명을 살리게 될 거예요. 물론 밤에도 멈추진 않겠죠! 당직 근무가 있을 예정이니까요.
응급실은 벌써 환자들로 북적이고 있어요. 다들 의사를 기다리고 있답니다.
어서 가서 환자들을 만나고, 진찰하고, 진단하고, 치료해 봐요!

0 8 시 3 0 분
1번 환자

1 셀림은 도대체 어디로 간 걸까요?
진찰대 위에 여섯 살짜리 남자아이가 있다고 했는데, 텅 비어 있네요!
그때 셀림의 엄마가 눈짓으로 진찰대 아래를 가리켰어요.
셀림은 몸을 옆으로 웅크린 채 바닥에 누워 있어요.
엄마가 설명을 덧붙였어요.
"얘가 병원을 좀 무서워해요."
그럴 수 있죠. 무릎을 꿇고 셀림에게 물었어요.
"꼬마야, 무슨 일이니?"
"배가 아파요."
"그래, 어디 한번 볼까? 선생님이 우선 몇 가지만 물어볼게."

2 셀림에게 물었어요.
"열이 나니?"
그러자 옆에 있던 엄마가 대신 답했어요.
"38.4도예요. 배가 계속 아프다고 했고요.
아침에는 토하기도 했어요."
손으로 셀림의 배 왼쪽을 누르자 셀림이 웃음을 터뜨려요.
이번에는 오른쪽 아랫배를 눌렀더니 깜짝 놀라며 아파해요.
셀림에게 자리에서 일어서 볼 수 있겠냐고 물으니,
다리를 구부리고 있어야 덜 아프대요.

3 미열과 구토, 오른쪽 복부 통증이 계속되고….
장염과 충수염 중 어느 쪽인지 고민되네요. 정확한
진단을 위해 피를 뽑아 검사할게요. 검사 결과는
42쪽에 있으니 확인해 봐요.
만약 검사 결과에서 C-반응성단백 수치가 6mg/l(리터당
밀리그램)보다 높게 나오면 곧바로 초음파 검사를 해야 해요.
멀리 갈 필요는 없어요. 바로 다음 페이지로 가면 돼요.

수치를 찾을 수 없다고요? 아, 깜빡하고 말하지 않았네요.
C-반응성단백은 'CRP'로 줄여 부르기도 해요.
자, 다시 찾아봐요!

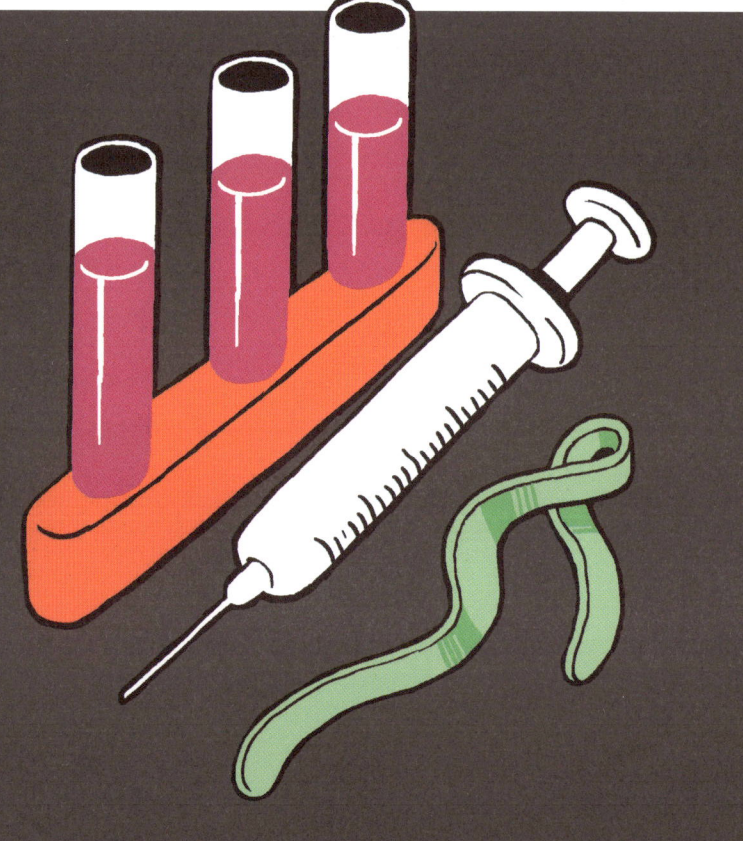

4 "어, 환자가 어디 갔죠?"
초음파 담당 선생님이 외쳤어요.
이상하네요. 방금 초음파실 의자에 셀림을 앉혀 놓았거든요. 이제는 어떻게 된 일인지 짐작할 수 있죠? 의자 아래를 살펴봐요. 셀림이 바닥에 쭈그려 앉은 채 멋쩍은지 웃어 보이네요.
"아직도 좀 무서워요."
"하지만 계속 배가 아프지?"
"네…."
"그럼 의자 위로 올라와야 한단다. 여기 앉아서 우주여행을 떠난다고 상상해 보렴."
"와, 멋져요!"

충수염

충수는 막창자 끝부분에 달린 가느다란 관 모양의 돌기로, 속이 비어 있고 길이는 최대 12cm 정도예요. 충수가 어떤 역할을 하는지는 정확히 알려지지 않았어요. 면역 세포들을 보호하거나 몸에 좋은 유익균들이 저장된 곳일 수 있어요. 충수에도 염증이 생길 수 있어요. 감염되거나 작은 물질이 그 안에 쌓이면 열이 나고 통증이 생겨요. 예를 들어 생선 가시에 찔리는 경우가 있어요. 그러면 충수를 잘라 없애야 해요.

5 이제 선택해야 해요.
셀림에게 진통제를 처방해 주고 집으로 돌려보낼까요? 그렇다면 **41쪽**으로 가요. 아니면 수술해야 할까요? 그러면 **24쪽**으로 가요.

10시 26분

2번 환자

1 소아 응급실에서 호출이 왔어요. 응급실 의자에 얼굴이 온통 시뻘게진 세 살배기 아이가 앉아 있네요. 아이 곁에는 한 남자가 있어요. 바뀐 것 같다고 말하자 옆에 있던 남자가 몸을 숙이며 대답했어요.
"아니요, 얘가 엠마 맞습니다. 저는 엠마 아빠 밀턴 바닐라고요."
"아, 헬멧에 관한 말이었어요…"
"아, 서둘러 오느라고요. 많이 걱정했거든요. 엠마가 많이 아파해서요. 괜찮겠죠? 별일 아니겠죠?"
"우선 헬멧부터 벗고 한번 살펴보도록 하죠."

소아 응급실

소아 응급실은 24시간 언제든지 아픈 어린이들을 진료하는 곳이에요. '소아'는 어린아이를 뜻하는 말이죠. 응급실에서는 응급의학과 의사, 간호사, 수련의들이 먼저 진료를 봐요.
특별한 관찰이 필요한 어린이는 알맞은 진료과 병동으로 옮겨져 입원해요.

2 엠마의 상태를 살펴보며 엠마 아빠에게 어떤 증상들이 있었는지를 물었어요.
"열이 높아요. 기침을 하고요. 콧물도 계속 나요."
머릿속에 병명 다섯 개가 떠오르네요. 아래에 모아 놓은 다섯 개의 쪽지를 읽어 봐요. 각 병의 특징들을 알 수 있어요.
이 중에서 바로 제외할 수 있는 건 무엇일까요?

독감
- 고열
- 콧물
- 기침
- 두통
- 겨울철 계절성 유행병

홍역
- 고열
- 콧물
- 기침
- 눈 부음
- 반점

풍진
- 미열
- 두통
- 기침
- 콧물
- 반점

홍진
- 고열
- 콧물
- 기침
- 반점

가와사키병
- 고열
- 콧물
- 눈 부음
- 기침
- 반점

3 자, 이번에는 엠마를 자세히 봐요. 얼굴에 나타난 증상을 잘 보면 두 가지 병을 더 제외할 수 있어요.
그런 다음 **30쪽**으로 가 봐요.

12시 02분
3번 환자

1 잠시 바람을 쐬러 병원 정문 앞으로 나왔어요. 그런데 거기서 응급실장인 올가 네베르와 마주쳤어요. 올가는 홍역을 빨리 찾아내 다른 환자들에게 전염되지 않도록 한 건 아주 잘한 일이라고 칭찬했어요.
"특히 조금 전에 공지가 내려온 참이거든요. 파란 고름이 생기는 전염병이 퍼지는 것 같대요. 윽…. 만약 그런 전염병이 퍼지기라도 한다면 병원 안에 있는 사람들은 모두 걸리고 말 거예요. 혹시 무슨 병인지 아나요?"

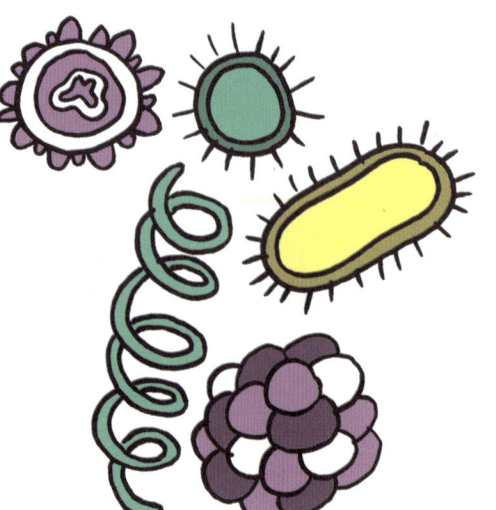

? 박테리아란 무엇일까요?

박테리아는 아주 작은 미생물로 대부분 한 개의 세포로만 이루어져 있어요. 게다가 눈에 보이지 않을 정도로 작죠. 하지만 종류는 수백만 가지가 넘어요. 박테리아가 꼭 해로운 것은 아니에요. 오히려 피부나 소화 기관에 도움을 주는 경우도 있어요.
하지만 결핵, 페스트, 콜레라 같은 심각한 질병을 옮기는 박테리아들도 있답니다.

2 박테리아는 습한 곳을 좋아하는데, 누군가 식물을 병원에 가지고 들어오면서 자기도 모르게 박테리아를 옮겼을지도 몰라요. 특히 항생제에도 죽지 않는 강한 박테리아일 수 있죠.
43쪽으로 가서 지금 유행하는 이 전염병의 네 가지 증상을 잘 기억한 뒤 페이지마다 꼼꼼히 살펴보도록 해요.

쿵!

아무리 주의를 기울여도 병원에서 또 다른 병에 걸릴 수 있어요. 병원은 많은 환자와 세균들이 오가는 곳이기 때문이죠. 이렇게 병원에서 옮는 병을 '병원 내 감염병'이라고 부르기도 해요.

3 이번 전염병에 대한 단서들은 곳곳에 숨어 잘 보이지 않을지도 모르니 조심해요! 단서를 모두 손에 넣고 나면 분명 파란 고름이 생기는 전염병이 병원 안에 퍼져 있다는 걸 확인할 거예요. 아이코, 계속 이야기하다가는 오후 1시 15분 환자를 놓칠 거예요!

1 3 시 1 5 분

4번 환자

1 휴게실에서 간단한 점심을 먹고 있는데 갑자기 불이 꺼졌어요. 휴대 전화 손전등을 켜고 휴게실 밖으로 나가 보니 복도도 어둠 속에 잠겨 있네요. 병원 전체가 정전이 된 모양이에요! 윙윙거리는 모터 소리가 나는 걸 보니 다행히 비상용 발전기가 제대로 돌아가기 시작한 것 같아요. 덕분에 생명을 지키는 기계 장치들은 꺼지지 않을 거예요.

2 병원 입구로 가기 위해 벽을 더듬거리며 계단을 조심히 내려가기 시작했어요.
그때 전속력으로 계단을 오르는 어떤 그림자와 부딪쳤어요. 젊은 수련의네요.
"빨리, 도망치세요!"
"무슨 일이에요?"
"조금 전에 한 환자를 청진기로 진찰하던 참이었는데, 그 환자가 좀비더라고요! 심장 박동을 들으려고 했는데 아무 소리가 안 났어요. 그때 정전이 됐어요! 아마 좀비 때문일 거예요! 어둠의 힘이 강해진 거라고요! 어쩌면 아래층에 있는 사람들은 벌써 다 물렸을지도 몰라요. 저 먼저 도망갈게요!"
좀비라니…. 의학적인 판단은 아니네요. 아무튼 내려가 봐야겠어요.

3 그런데 아직은 자세히 보기가 어려워요. 비상용 발전기는 딱 필요한 전기만 만들 수 있거든요. 전기량이 많지 않아 응급실은 여전히 희미한 어둠 속에 갇혀 있어요. 도망간 수련의의 말로는 좀비가 귀걸이와 노란 넥타이를 하고 있대요. 그리고 양상추, 토마토, 가지, 감자튀김이 든 샌드위치를 먹고 있었대요.
채소를 먹는 좀비라니, 상상은 안 가네요. 아무튼 그 환자는 어디서 찾을 수 있을까요? **6~7쪽**에 보이는 응급실 환자 중에서 찾아볼까요?
찾았다면 **28쪽**으로 가서 바로 진찰해 봐요.

14시 47분
5번 환자

"어쩌다가 다쳤나요?"
"저는 곡예사예요. 제 특기가 공중에서 다리를 꼬고 두 바퀴 공중제비를 도는 거예요. 이번에는 다리를 두 번 꼬아서 두 바퀴 공중제비를 돌아보려고 한 건데, 별로 좋은 생각이 아니었나 봐요. 우두둑 소리만 두 번 났어요."
"일단 다리를 풀어 볼게요. 아무래도 뼈가 부러진 것 같네요. 일단 진찰하고 그다음 엑스레이를 찍을게요…."
"엑스레이도 두 번 찍어야겠네요…."

"당연하죠. 그러고 나서 곧바로 수술실로 갔다가 입원하면 됩니다."
"2인실에 입원할 수 있을까요?"
병원은 미로와도 같은 곳이에요. 힘내서 길을 잘 찾아봐요!
우선 응급실에서 출발해 조금 전 말한 곳들을 순서대로 지나가는 길을 찾아봐요. 한 곳도 빠뜨리면 안 돼요.
길을 다 찾으면 **16쪽**으로 가서 다음 환자를 만나요.

15시 52분
6번 환자

1 다시 응급실로 돌아갔어요. 간호사가 이번 진찰은 복잡할 거라고 말했어요. 병원이 정전된 동안 도시도 절반 이상이 어둠에 잠겨 있었대요. 공연 중이던 국립교향악단의 연주자들도 공연장 출구를 찾으려다가 여기저기 다치고 말았어요. 그렇게 다친 사람들이 모여 있어요. 누구부터 진료해야 하느냐고 물으니 간호사가 대답했어요.
"바이올린 연주자부터 봐주세요. 오늘 밤에 단독 공연이 잡혀 있대요. 그러니 가장 응급한 사람이죠."
"그런데 누가 바이올린 연주자예요?"
"저도 몰라요. 이분들은 즐루포위스탄에서 온 분들이라서요."
"즐루포위스탄이라고요?"
"네. 즐루포위스탄 국립교향악단이래요. 그래서 프랑스어는 물론이고 영어도 잘 통하지 않더라고요. 즐루포위스탄어만 할 수 있대요. 선생님이 학생 시절에 제2외국어로 즐루포위스탄어를 배웠더라면 좋았을 텐데. 이제는 어쩔 수 없이 말은 쓰지 않고 문제를 해결해야 해요."

18시 10분

7번 환자

1 계단으로 내려가다가 헷갈려 다른 층에 들어갔어요. 산부인과네요. 산부인과 의사 다나 포페스퀴가 쏜살같이 달려왔어요.
"정말 반가워요! 지금 분만 네 건이 동시에 진행 중인데, 산부인과 담당의 베르네르 선생님이 통 보이지를 않아서요. 특히 쌍둥이 엄마와 세쌍둥이 엄마가 있거든요. 우선, 제가 세쌍둥이 출산을 맡을 테니 쌍둥이 출산을 좀 도와주세요. 저 문으로 가면 돼요. 힘내세요!"

저요!

저요!

저요!

2 포페스퀴에게 등을 떠밀려 한 병실에 들어섰어요. 세 임신부가 침대에 누워 기다리고 있네요. 그런데 누가 쌍둥이 엄마죠?
물어보니 세 임신부가 동시에 대답했어요.
"저요!"
아무래도 다들 먼저 출산하고 싶나 봐요. 어떻게 해야 할까요?

3 포페스퀴가 세쌍둥이 출산을 진행하는 분만실로 향했어요.
"초음파 기계 좀 빌려 가도 될까요?"
조산사가 고개를 끄덕여요. 이제 **27쪽**의 병실로 돌아가 봐요.

홍 역

홍역은 전염성이 매우 강한 질병이에요. 특히 어린이에게 많이 발생해요. 게다가 증상이 악화하면 피해도 심각하고요. 홍역 바이러스는 환자의 콧물, 눈물, 기침 등 분비물을 통해 주로 전파돼요. 유럽과 우리나라에서는 홍역이 거의 사라졌지만, 최근에는 해외에서 감염되어 들어오는 사례가 늘고 있어요.

1 자리에서 일어나려고 하자 밀턴 바닐라 씨가 팔을 붙잡았어요.
"선생님! 제 혀에도 코플릭 반점이 있는 것 같아요. 볼 안쪽으로요."
"홍역을 앓은 적이 없나요?"
"있어요. 어릴 때 걸렸었죠."
"그럼 안심하세요. 홍역은 한 번 걸린 뒤 회복하면 다시는 걸리지 않거든요. 얼른 딸에게 가 보세요."
밀턴 바닐라 씨는 역시 독특한 사람이에요. 아무튼 응급실에서 해야 할 일이 아직 많이 남아 있어요. 어디로 가야 하죠? 아, 그렇지! **12쪽**으로 가요.

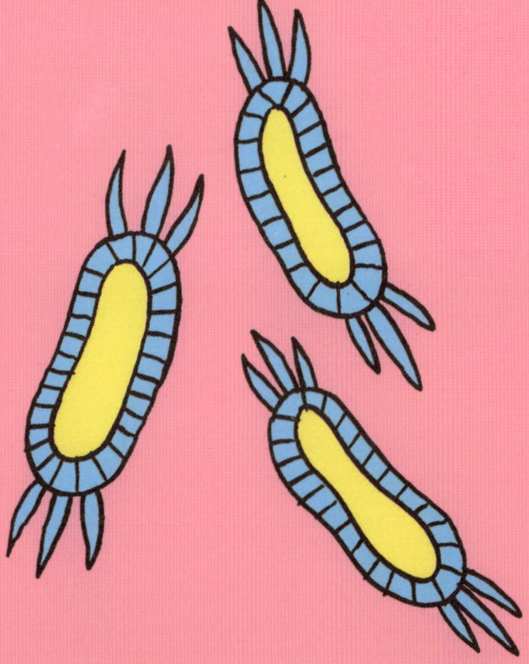

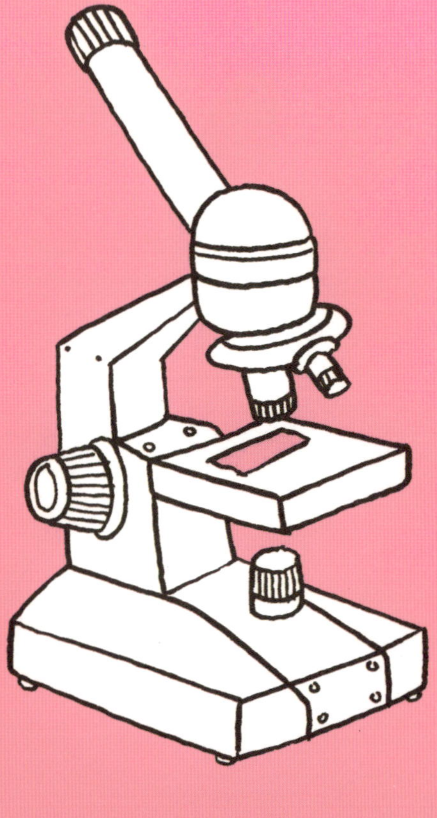

21시 06분 ?

8번 환자

1 간호사는 독감(인플루엔자) 환자를 좀 꺼리는 눈치예요. 독감은 정말 성가신 병이에요. 전염성도 아주 높은 데다 몸이 약한 환자들에게는 위험하거든요. 다음 환자에 관한 설명을 제대로 듣지 못했는데 간호사가 벌써 가 버렸네요. 어떤 진찰실로 가라고 했죠? 문이 세 개 있는데, 일단 첫 번째 문을 열어 봐요. "웬 바다표범?" 바다표범이 있다니, 이게 무슨 일이죠?

2 그때 커다란 재채기 소리가 들려와 정신을 차렸어요. 바로 옆 진찰실에서 들려오는 소리예요. 독감 환자가 바로 옆에 있나 봐요. 진찰실에 들어가니 할아버지 한 분이 앉아 있어요. 독감에 걸렸다면 매우 힘이 드실 거예요.

3 할아버지는 기침과 헛기침을 번갈아 하면서 질문에 답하기 시작했어요.
"그저 바다가 보고 싶었어요."
"그럼 바다에서 수영하다가 감기에 걸리신 건가요?"
"자다가 걸린 것 같아요. 캠프장에 있는 동안 콧물이 흐르기 시작했고, 목이랑 머리도 그때부터 아팠거든요. 열도 조금 나고요."
할아버지를 자세히 살펴보았어요.
"열이 심하지는 않나요?"
"아, 네…."
"근육이나 관절에 통증이 있나요?"
"음, 아뇨…."
고민이네요. **42쪽**으로 가서 독감과 감기의 차이점을 비교해 봐야 할 것 같아요. 둘 중 어느 것으로 진단해야 할까요?
독감이라면 **41쪽**으로, 감기라면 **36쪽**으로 가요.

0 1 시 3 0 분

9번 환자

1 당직실에서 잠을 자는데 갑자기 호출기가 울렸어요. 잠에서 깨어나 벌떡 일어났어요. 무슨 일이 생긴 걸까요?

2 오랑베르 장군이 도착했군요! 수술팀이 조금 전에 가져온 건강한 신장(콩팥)을 장군에게 이식할 수 있겠네요! 몸에 딱 맞는 제복 차림을 한 장군에게 다가갔어요.
"장군님, 이제 수술복으로 갈아입어야 합니다."
"제게 오늘은 매우 중요한 날입니다. 제복을 입고 수술받도록 해 주세요."
제복에 달린 많은 훈장과 메달들이 달그락거리는 소리를 내며 결연한 그의 의지를 보여 주네요.
"아, 네…. 뭐, 그렇게 해 보죠…. 몸 상태는 어떤가요?"
"피곤합니다. 식욕도 없고요. 괴로운 편입니다. 너무 오래 기다렸으니 말입니다."
"맞아요. 하지만 이제는 준비가 다 됐어요. 마지막으로 몇 가지만 확인하도록 할게요."
이제 **37쪽**으로 가서 확인 절차를 진행해요.

> 장기 이식 수술이 필요한 환자는 장기 이식 대기자로 등록돼요.
> 이식할 장기를 언제 받을 수 있을지 알 수 없으므로 항상 연락을 받을 수 있어야 해요.
> 이식할 수 있는 장기의 숫자는 매우 제한적이기 때문에 이식 대기 기간이 수년까지 길어질 수도 있답니다.

○5시 23분
10번 환자

1 신장 이식 수술은 성공적으로 끝났어요.
당직실로 돌아와 남은 시간 동안 잠시
쉬려는데 갑자기 산부인과에서 연락이 왔어요.
수술복을 입으며 혼자 생각했어요.
'설마 네쌍둥이의 엄마가 온 건 아니겠지?'
아니었어요. 아까 자리를 비웠던 베르네르가 드디어
발견된 거예요. 베르네르는 머리를 산발한 채 의자에
앉아 있었어요. 포페스퀴가 베르네르를 부축하며 대신
입을 열었어요.
"베르네르 선생님은 지금까지 무슨 일이 있었는지 기억이
나지 않는대요."
"오늘 아침에 차를 타고 병원에 도착했던 건 분명히
기억해요. 그런데 그 뒤로는 마치 머리에 구멍이라도 난
것처럼 기억이 없어요! 온종일 무슨 일을 했는지 기억이
나질 않아요."

2 베르네르 앞에 자리를 잡고 앉으며
물었어요.
"어떤 큰 충격을 받은 게 분명해요.
그 충격이 뭔지 알아낸다면 기억을 되찾을 수
있을지도 모르죠. 선생님, 아무것도 생각이 나지
않나요? 정말 아무것도요?"
베르네르는 골똘히 생각에 잠겼어요.
포페스퀴가 베르네르의 머리를 조심히 빗겨
주었어요.
"아, 중간에 갑자기 어떤 소리가 들렸어요.
천둥소리 같은 굉음이었는데…"
천둥? 하지만 오늘은 폭풍우조차 치지 않았어요.
앞 페이지들로 돌아가 베르네르를 찾아봐요.
찾을 수 없다면 CCTV의 도움을 받아도 좋아요.
CCTV는 보통 응급실 간호사가 지켜보고 있어요.
앞 페이지들을 꼼꼼히 확인했다면 베르네르에게
돌아가 몇 가지 더 물어봐요.
23쪽으로 가요.

3 음…. 아까 교향악단 연주자들을 치료하던 때도 베르네르는 이미 제 상태가 아니었어요. 그럼 그보다 더 전에 큰 충격을 받은 게 분명해요. 어쩌면 더 앞 페이지에 나왔을지도 몰라요.

4 베르네르가 병원 미로 안에 갇혀 있는 걸 찾았나요? 베르네르는 그때도 이미 기억을 잃은 상태였어요. 혹시 흐릿하게나마 기억에 남은 것이 있을지도 몰라요. 그렇죠, 베르네르?
"빨간 불빛을 본 것 같아요. 네…. 빨간 불빛 아래를 지나갔던 것 같아요."
빨간 불빛이라, 흥미롭군요. 어디서 그런 불빛을 찾을 수 있을까요? 생각이 났나요? **40쪽**으로 가 봐요.

1 복부 초음파 사진을 보니 셀림의 병을 확실히 진단할 수 있겠네요. 역시 충수염이 맞았어요. 이제 서둘러 수술실로 가요! 의사와 간호사들이 수술을 성공적으로 마칠 수 있도록 도와야 해요. 그런데 누가 누구일까요?

제1 보조 의사는 덧신을 신는 걸 깜빡했네요.

순환 간호사는 포장을 뜯지 않은 수술 기구들을 가져오는 역할을 해요. 그래서 수술 장갑을 끼지 않았네요.

소독 간호사는 집도의에게 수술 기구들을 건네줘요. 이번 소독 간호사는 수술복을 몸에 딱 맞추려고 등 뒤에 있는 수술복 끈을 두 번이나 묶었네요.

마취과 의사는 환자를 잠들게 하고 수술 뒤에 다시 잠에서 깨우는 일을 해요. 이번 마취과 의사는 하마 그림이 그려진 파란 수술 모자를 마음에 들어 하는 눈치예요.

수술을 진행할 집도의와 제2 보조 의사를 구분하기가 어렵겠어요. 음…. 아, 집도의는 수술 부위를 더 자세히 들여다보기 위해 수술용 확대 안경을 써요.

2 완벽해요. 수술팀을 모두 찾아냈군요. 이제 수술팀에게 셀림을 찾아 줄 차례예요. 이제는 셀림이 어디에 숨었는지 당연히 알고 있죠?

3 집도의와 함께 수술을 진행해요. 셀림의 배가 가스로 부풀기 시작했어요. 이제 배꼽을 통해 '내시경'이라고 불리는 카메라(카메라에 가스가 나오는 기다란 관이 달려 있어요)를 넣을 거예요. 내시경은 가스 때문에 만들어진 빈 곳에 빛을 비춰서 배 속 장기들을 더욱 잘 볼 수 있도록 도와줘요.
이번에는 피부에 구멍을 내서 '뚫개'라고 불리는 커다란 바늘을 배 속에 집어넣어요. 뚫개로 수술 기구들을 조작할 수 있어요.
자, 이제 수술용 모니터를 확인하며 수술이 잘 진행되는지 지켜봐요. 집도의가 충수를 잘라내고 있어요. 그런데 저건…. 잘 살펴봐요!

? 무균 상태란 무엇일까요?

환자를 보호하기 위해 수술팀 모든 의료진은 매우 깨끗한 상태를 유지해야 해요. 그 어떤 세균이나 이물질도 없어야 하죠. 수술 기구들도 전부 소독해야 하고요. 어떠한 미생물도 존재하지 않는 상태를 '무균 상태'라고 불러요.
특히 수술실 의료진들은 모두 살균 처리된 수술복을 입는데, 보색 잔상으로 인한 눈의 피로를 막기 위해서 파란색이나 녹색인 경우가 많아요.

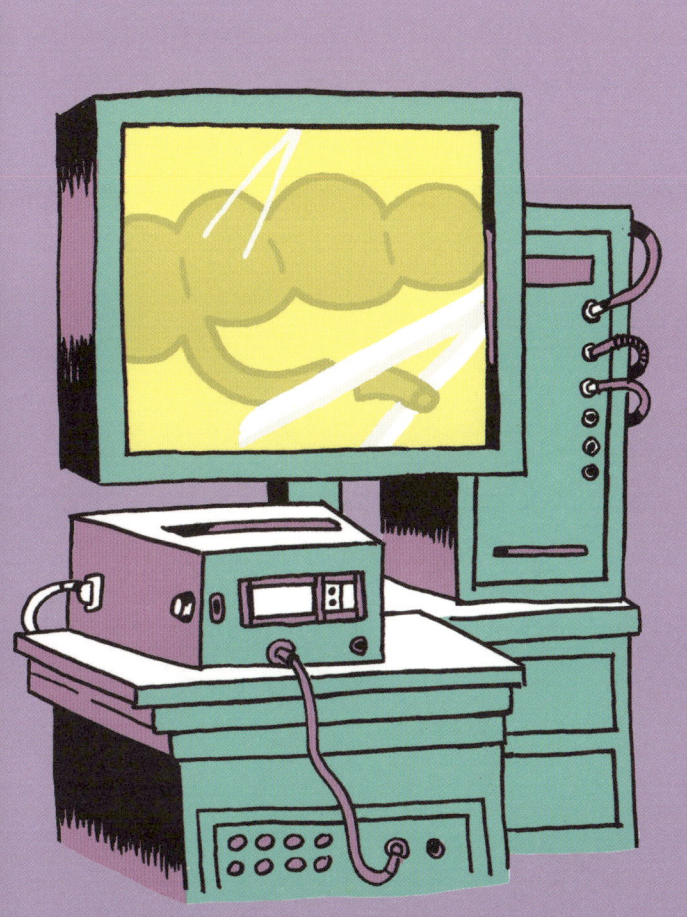

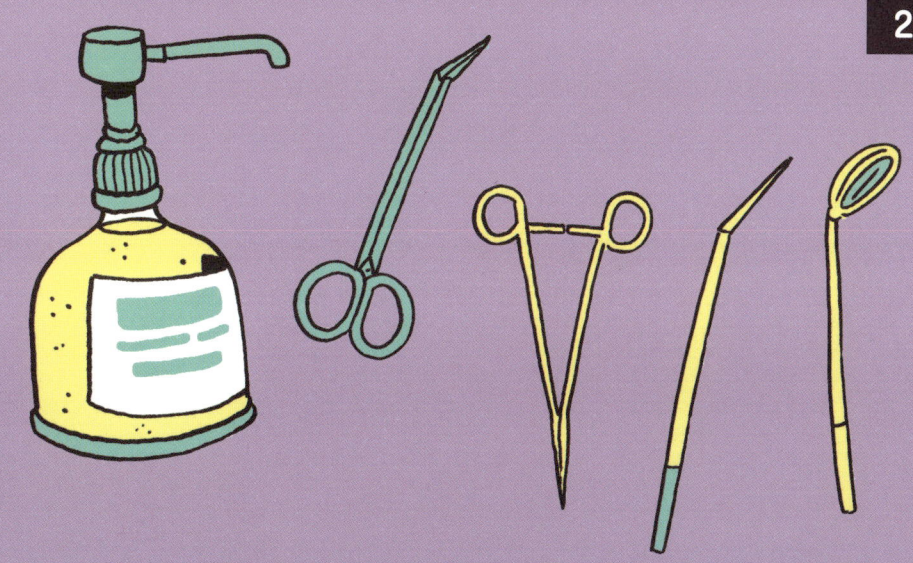

4 거의 다 됐어요. 대장 아래쪽에 있는 수술 기구도 빠짐없이 꺼내야 해요! 이제 셀림은 며칠 뒤에 퇴원하고, 몇 주가 지나면 어린 양처럼 이리저리 뛰어다닐 수 있을 거예요. 이제 **10쪽**으로 가서 다음 환자를 만나요.

| 1 | 큰북 연주자의 치료가 끝났어요. 이제 숨 쉴 때마다 이상한 소리를 내는 두 환자를 살펴봐요. 먼저 눈물을 흘리는 연주자부터 볼까요. **35쪽**으로 가서 엑스레이를 먼저 찍어요. 무엇인가 보일 거예요. 엑스선 사진을 확인한 뒤 바로 **26쪽**으로 돌아와요. |

| 2 | 찾았나요? 사실 이 연주자는 전에도 어딘가에서 본 것 같아요. 어디였을까요? 앞 페이지들을 잘 살펴봐요. 이제야 환자가 말하려고 할 때마다 왜 목이 쉰 새 울음소리만 들렸는지 이해가 되네요. 오보에 조각을 삼킨 거예요. 이제 두 번째 환자를 만나요. |

| 3 | 이번엔 호루라기 소리네요? 호루라기도 교향악단에 들어갈 수 있는지 몰랐어요. 그때 두 번째 환자가 호루라기 소리를 내며 말했어요. "전 연주자가 아니에요. 축구 심판이라고요. 아까 이 연주자들이 공포에 떨며 우리 경기장에 난입했어요. 그중 한 명은 축구공을 붙잡아 터뜨리기까지 하더군요. 그런데 퇴장을 선언할 수 없었어요. 경기장에서 싸움이 나는 바람에 실수로 호루라기를 삼켜 버렸지, 뭡니까. 그래서 연주자들과 함께 버스를 타고 병원에 온 거예요." 두 사람 모두 소화기내과로 보내면 되겠네요. 이제 **31쪽**의 다음 환자에게 가 봐요. |

1 초음파 기계를 가지고 병실로 돌아와 세 임신부를 검사해요. 어떤 초음파 사진이 쌍둥이 엄마의 사진일까요?

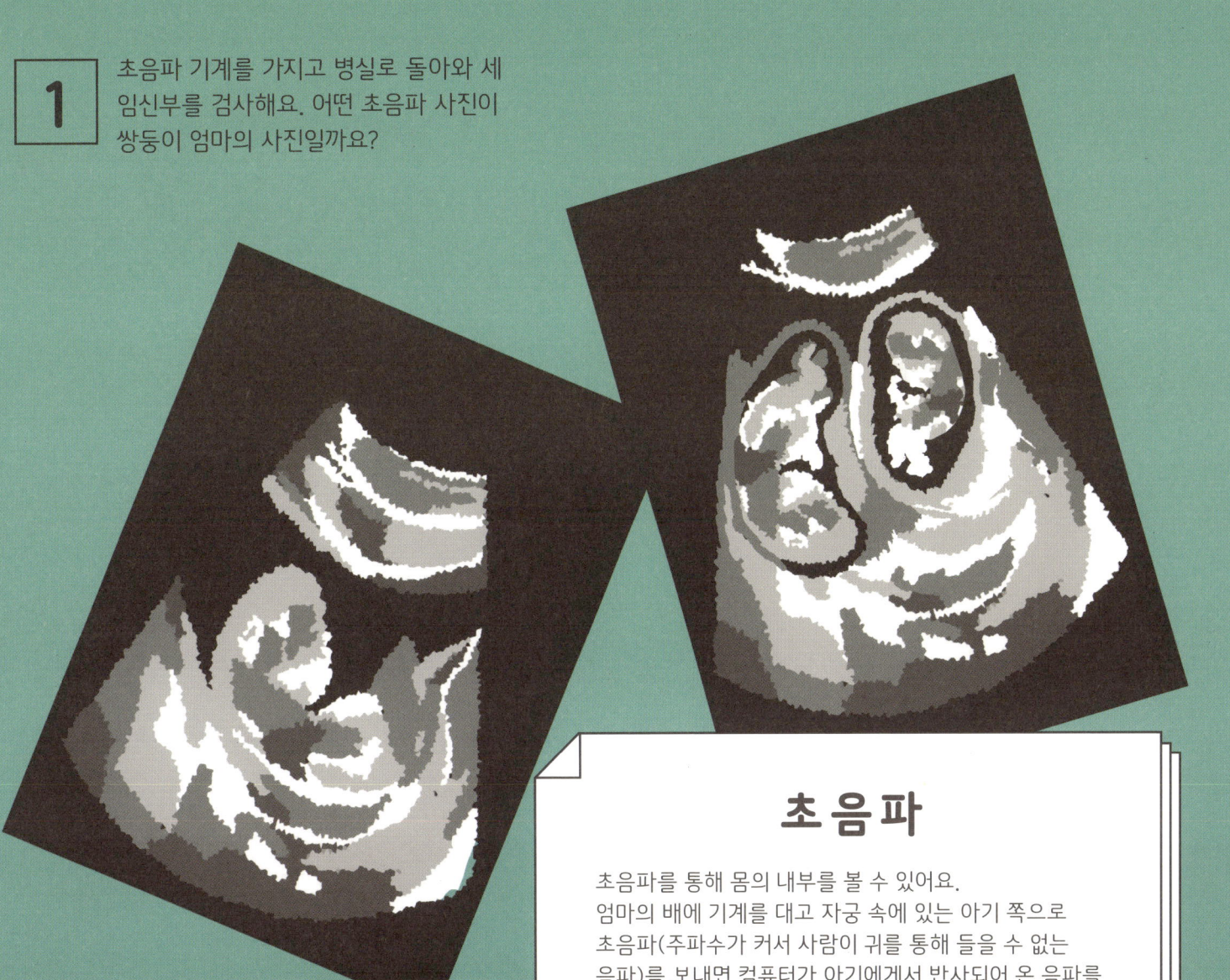

초음파

초음파를 통해 몸의 내부를 볼 수 있어요. 엄마의 배에 기계를 대고 자궁 속에 있는 아기 쪽으로 초음파(주파수가 커서 사람이 귀를 통해 들을 수 없는 음파)를 보내면 컴퓨터가 아기에게서 반사되어 온 음파를 분석해 아기의 모습을 영상으로 보여 줘요.

태아는 엄마 배 속에 있는 동안 '양막'이라고 불리는 액체(양수)로 가득 찬 주머니 안에 몸을 담고 있어요. 태아와 엄마는 탯줄을 통해 연결되어 있지요. 탯줄은 태아에게 영양분과 산소를 공급하는 태반에 붙어 있어요. 태어날 때가 다가오면 태아는 엄마의 질을 통해 밖으로 나오기 시작해요. 보통은 머리부터 밖으로 나오는데(가장 좋은 자세), 반대로 발이나 엉덩이가 먼저 나오기도 해요. 이런 경우 '역아'라고 해요.

2 이제 쌍둥이의 머리 방향이 어느 쪽으로 되어 있는지 봐요. 보이죠?
분만실은 **32쪽**으로 가면 돼요!

1 좀비 환자는 아주 다정한 사람이네요. 그의 이름은 폴 프티부아예요. 폴은 자기보다 더 아파 보이는 사람들보다 먼저 치료를 받는 데에 놀란 눈치예요.
"기침을 자주 하는 편이에요. 가래도 많이 나오고요. 열도 약간 있고, 폐 있는 쪽이 아파요. 물론 아까 진찰한 의사 선생님에게도 다 말했어요. 그런데 이상하게 갑자기 도망치시더라고요."
"어디 한번 볼게요."
"아까 그 선생님은 안 오세요?"
"그 친구는 어둠을 무서워해서요. 진찰실로 갈까요."

2 청진기를 들고 심장 박동을 확인하기 위해 폴의 가슴에 청진기를 댔어요. 아무 소리가 나지 않아요. 머리가 쭈뼛쭈뼛 서는 느낌이에요. 정말 좀비 환자를 치료하게 된 걸까요? 좀비를 낫게 할 수 있을까요? 더욱 집중했지만, 여전히 심장 소리가 들리지 않아요. 대신 폐에 가래가 가득 차 있는 소리만 들리네요.

청진기

청진기는 몸 안에서 나는 소리를 듣게 해요. 청진판을 환자의 피부에 대고, 의사는 귀꽂이를 양쪽 귀에 꽂아 소리를 들어요. 청진기는 1816년에 처음으로 만들어진 오래된 발명품이에요. 세계 최초의 청진기는 종이를 관 모양으로 둘둘 만 것이었답니다!

3 증상들을 모아 봐요. 기침, 가래, 열, 가슴 통증, 쌕쌕거리는 숨소리…. 아무래도 폐렴 같아요! 다행히 썩은 이빨, 삐죽빼죽 뻗친 머리카락, 초록색으로 썩은 코 등의 증상은 나타나지 않았어요. 그럼 진짜 좀비였을 확률이 더 높았겠죠. 아직은 폐렴이 의심되는 상황이니까 흉부(가슴) 엑스레이를 찍어 확인해야 해요. 촬영한 사진은 **35쪽**에 있어요. 만약 폐 쪽에 하얀 얼룩들이 보이면 폐렴이 맞아요. 그럼 **41쪽**으로 가요. 만약 그렇지 않다면 **33쪽**으로 가요.

1 제왕 절개 수술은 하지 않기로 했어요. 우와! 드디어 쌍둥이 중 첫째가 막 태어났어요. 2.8kg의 건강한 남자아이예요. 아직은 엄마 품에 아기를 안겨 줄 수 없어요. 아기가 모두 태어나기 전까지는 조금도 지체해선 안 돼요.

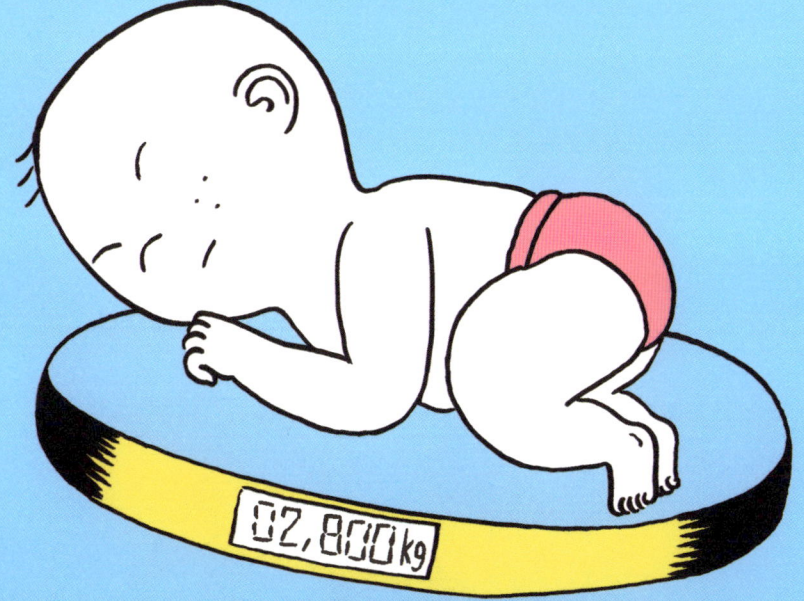

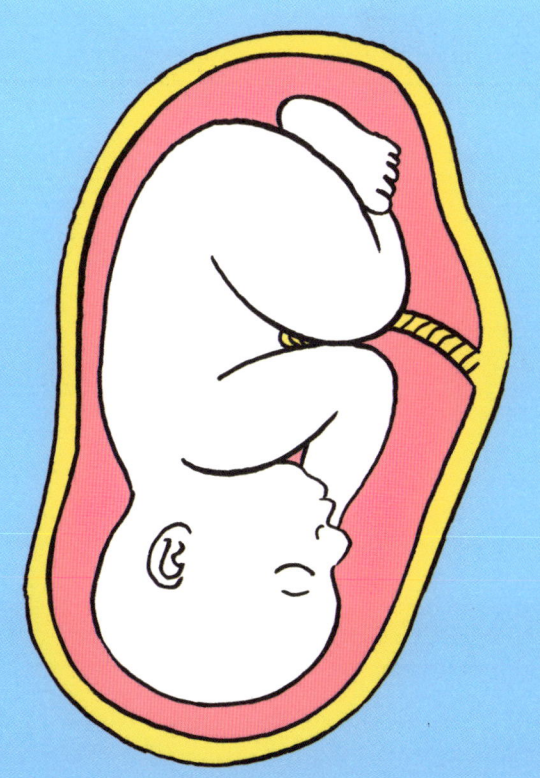

2 의료진이 순식간에 분만실로 모였어요. 다나 포페스퀴와 함께 마취과 의사 한 명, 조산사 한 명, 소아과 의사 두 명, 간호사 한 명이 빠르게 들어왔어요. 포페스퀴가 발부터 나오는 두 번째 아이를 꺼냈어요. 얼마나 빠르고 꼼꼼한지 깜짝 놀랐어요. 정말 예술적인 실력이에요!
"자, 저는 이제 옆 분만실로 갈게요. 세쌍둥이 차례예요."

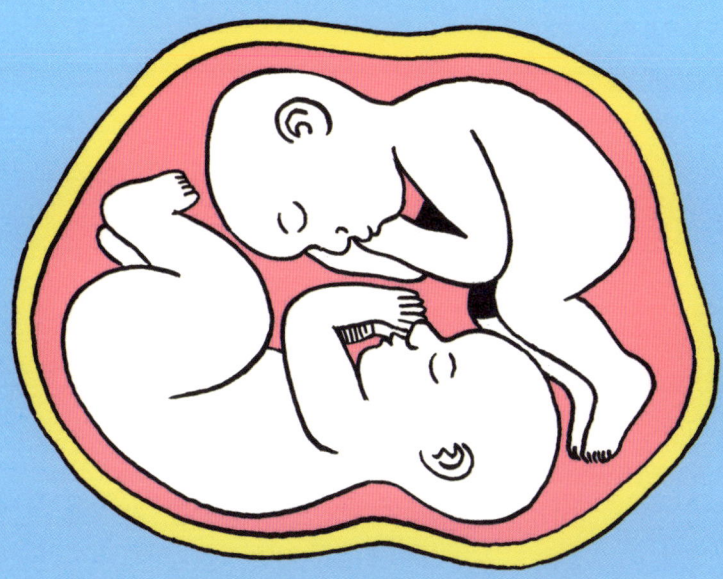

3 예쁜 아기들을 보니 눈가에 눈물이 맺히네요. 하지만 지금은 울 때가 아니에요. 쌍둥이 중 두 번째 아기는 작게 태어났거든요. 따뜻한 인큐베이터 속에서 조금 더 자랄 수 있도록 해야 해요. 갑자기 피로가 몰려오네요. 인큐베이터는 어디에 있죠?
38쪽? 34쪽?

쌍둥이에는 일란성 쌍둥이와 이란성 쌍둥이가 있어요. 만약 엄마 배 속에서 난자 두 개와 정자 두 개가 동시에 수정되었다면 다르게 생긴 두 아기가 동시에 자라요. 심지어 성별도 다를 수 있죠. 이런 경우를 '이란성 쌍둥이'라고 해요.
만약 난자 하나와 정자 하나가 만나서 생긴 쌍둥이일 때는 두 아기의 모습이 아주 많이 닮아요. 하나의 수정란에서 쪼개져 나와 같은 유전 형질을 공유하기 때문이에요. 이런 경우를 '일란성 쌍둥이'라고 불러요.

1 밀턴 바닐라 씨가 헬멧 아래로 흐르는 땀을 닦으며 물었어요.
"선생님, 어떻게 생각하세요?"
"풍진은 아닌 듯해요. 열이 너무 높아요. 눈이 부어 있고 눈물도 계속 나는 걸 보면 홍진이나 독감도 아니에요. 그렇다면 남은 건 두 가지예요. 입안을 확인하면 확실해질 거예요."
확대경이 어디에 있을까요? 아! 여기 있네요.

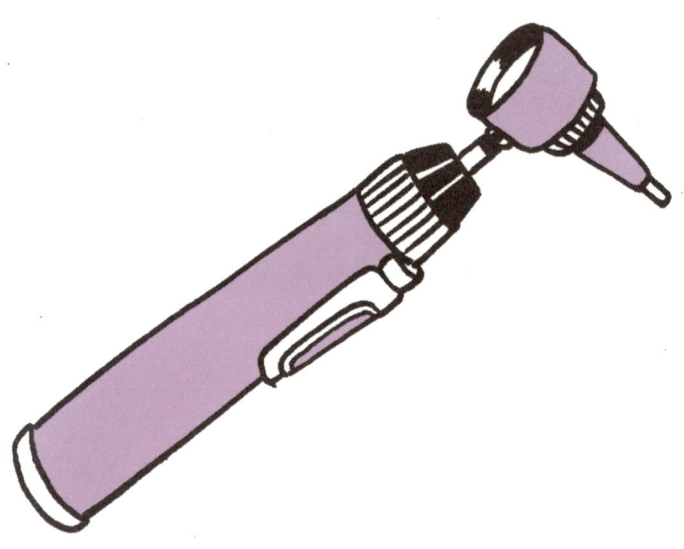

2 "아니, 이 하얀 점들은 다 뭐죠?"
"코플릭 반점이에요. 홍역에 걸리면 볼 안쪽에 이런 점들이 나타나죠. 이제 피를 뽑아 확인하면 돼요. 일단은 엠마가 잘 쉴 수 있도록 세심하게 돌봐 주세요. 그리고 홍역이 전염되지 않도록 1인실에 입원할 수 있도록 할게요."
이제 어디로 갈 차례죠? **19쪽**으로 가면 돼요!

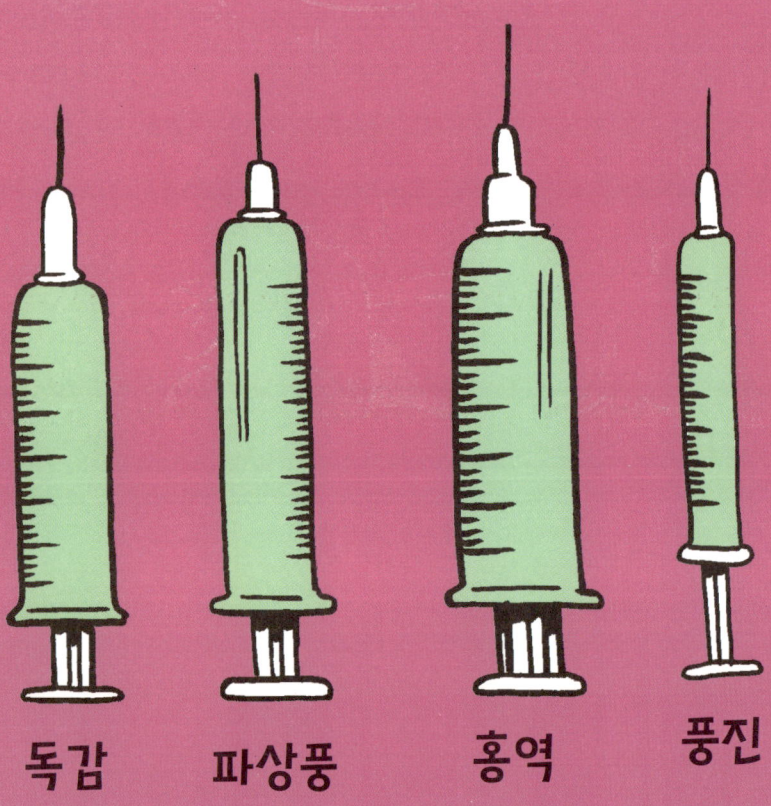

독감   파상풍   홍역   풍진

예방 접종

전염병을 예방하기 위해 우리 몸에 백신을 투여해서 면역력이 생기도록 하는 일이에요. 병에 걸리지 않을 정도로 약하게 만든 바이러스나 균을 '백신'이라고 하죠.
백신은 병에 걸리는 것을 막고, 전염병이 유행할 위험도 낮춰요. 프랑스에서는 12~18개월 아이들에게 의무적으로 홍역 백신을 맞추도록 하고 있어요.
우리나라는 홍역 예방을 위해 생후 12~15개월 사이 1차 접종, 만 4~6세에 2차 접종을 해요.

1 으, 너무 아파 보여요! 이 환자는 뾰족한 막대기에 손을 찔렸어요. 우선은 막대기를 빼내요. 그런데 도대체 뭐에 찔린 걸까요? 다음 막대기 가운데 하나일 듯해요.

2 지휘자의 손을 붕대로 감아 줘요. 그는 손짓, 발짓으로 지휘봉이 너무 뾰족해서 불이 꺼졌을 때 찔렸다는 시늉을 했어요. 그리고 축구 경기장에서 실수로 축구공을 잡았다가 터뜨리고 말았대요.

3 잘하고 있어요. 쉬지 않고 환자들을 계속 치료하네요. 그런데 누가 바이올린 연주자인지 여전히 모르겠어요. 아직도 진료할 연주자가 여러 명 남아 있어요. 잠깐, 집중해 봐요. 이전 페이지에서 바이올린 연주자의 얼굴을 본 것 같아요. 앞으로 돌아가서 어디에 그런 힌트가 있는지 확인해 봐요.

4 다행히 바이올린 연주자는 저녁 공연을 할 수 있겠어요. 축구장에서 일어난 싸움 때문에 한쪽 눈에 멍이 들긴 했지만, 더 아프진 않으니까요. 자, 이제 **18쪽**으로 가서 응급실로 돌아가요.

| 1 | 조산사와 함께 분만실에 도착했어요. 벌써 진통이 시작됐네요. 엄마의 자궁과 배 근육이 수축하며 아기를 밖으로 밀어내기 시작한 거예요. 이제 제왕 절개 수술을 할지 결정해야 해요. 위험을 줄이는 게 중요하니까요.

만약 두 아기가 한 양막 안에서 하나의 태반을 공유하고 있다면 탯줄이 엉킬 위험이 있어요. 그럴 땐 제왕 절개 수술을 해야 해요. 초음파 사진 속 쌍둥이 모습을 기억하나요? 서둘러 **27쪽**에 있는 초음파 사진을 확인해 봐요!

짐이 왔노라!

제왕 절개 수술은 무엇일까요?

아기가 엄마의 질을 통해 빠져나오는 것이 어려운 상황일 때, 엄마의 배를 가르고 자궁에서 아기를 직접 꺼내는 수술을 해요. 이러한 수술을 제왕 절개 수술이라고 해요.

아기님, 안녕!

| 2 | 초음파 사진을 보고 왔나요? 아 참! 자연 분만을 하려면 쌍둥이 중 두 번째 아기가 첫 번째 아기보다 작아야 해요. 만약 더 크다면 제왕 절개 수술을 해야 해요. 아기들 크기는 기억나나요? 기억나지 않으면 빨리 다시 초음파 사진을 보고 와요! 그리고 제왕 절개 수술을 하려면 한 가지를 더 확인해야 해요. 아래 메모 내용을 잘 살펴봐요.

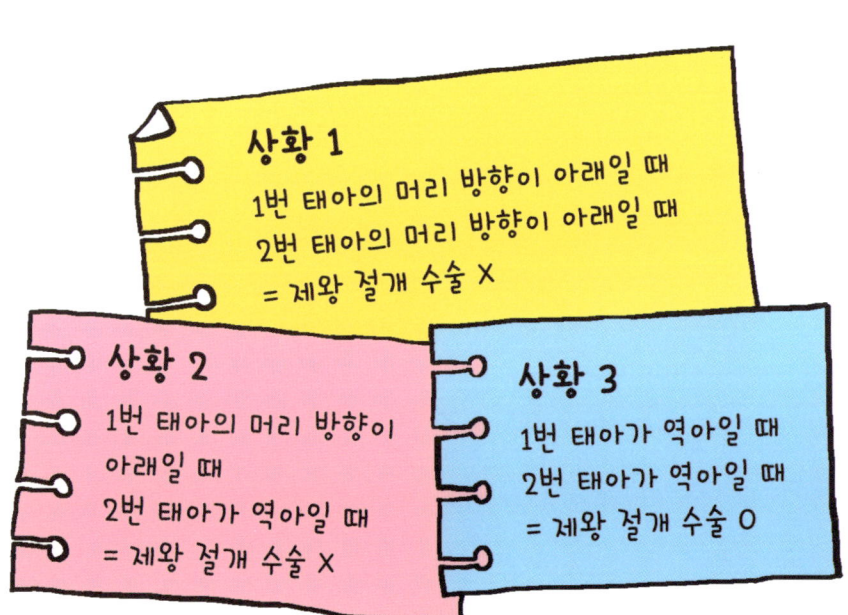

상황 1
1번 태아의 머리 방향이 아래일 때
2번 태아의 머리 방향이 아래일 때
= 제왕 절개 수술 X

상황 2
1번 태아의 머리 방향이 아래일 때
2번 태아가 역아일 때
= 제왕 절개 수술 X

상황 3
1번 태아가 역아일 때
2번 태아가 역아일 때
= 제왕 절개 수술 O

| 3 | 베르네르에게서는 여전히 소식이 없군요. 스스로 결단을 내려야 해요. 제왕 절개 수술을 선택했다면 **41쪽**으로, 자연 분만을 선택한다면 **29쪽**으로 가요.

1 폴 프티부아 씨의 엑스선 사진을 보니 안심이 돼요. 단순한 기관지염이에요. 그런데 사진을 자세히 봐요! 심장이 어느 쪽에 있나요? **35쪽**에 있는 엑스선 사진을 다시 확인해 봐요. 참, 엑스레이는 좌우가 반대로 나온다는 걸 잊지 마요. 사진에서 몸의 왼쪽에 있는 것들은 실제로는 몸의 오른쪽에 있어요.

2 폴 프티부아 씨는 심장이 오른쪽에 있었군요! 보통 심장은 왼쪽에 있거든요. 심장과 여러 신체 기관들이 반대쪽에 있는 건 매우 드문 일이에요. 이런 경우를 '내장 역위증(내장 딴곳증)'이라고 해요. 그래서 심장 박동 소리가 들리지 않았던 거예요. 청진기를 왼쪽 가슴에 댔으니까요.

심장이 흉곽의 오른쪽에 있더라도 그 사실조차 모른 채 건강하게 지낼 수도 있어요. 미국의 한 여성은 자신의 심장이 오른쪽에 있다는 걸 전혀 모르고 살다가, 99세가 되어 세상을 떠난 뒤에야 의사들에 의해 밝혀지기도 했답니다.

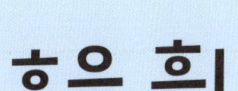

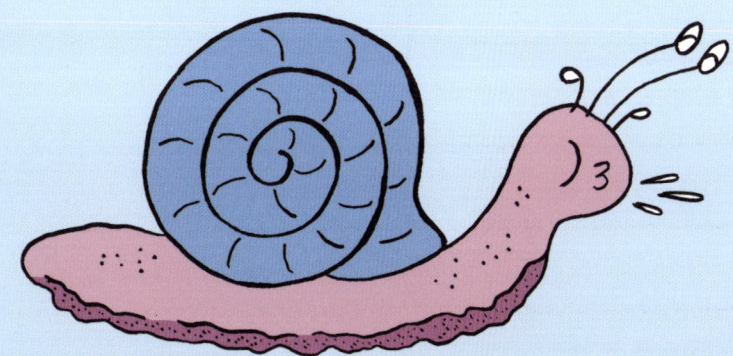

3 자신의 엑스레이를 보던 폴 프티부아 씨가 갑자기 손가락질하며 놀란 얼굴로 물었어요.
"이 달팽이 때문에 계속 기침이 났던 건가요?"
"아뇨. 저 불쌍한 달팽이는 그냥 샐러드를 먹을 때 같이 삼킨 것 같아요."
아쉽게도 난생처음으로 좀비를 치료해 볼 기회가 사라졌어요. 게다가 달팽이도 구할 수 없네요. 그래도 좋은 소식이 있어요. 전기가 다시 들어와요.
자, 이제 **14쪽**으로 돌아가 진료를 다시 시작해요.

1 장기 이송용 용기를 찾아내 가져왔어요. 휴, 이제 몇 가지를 확인해야 해요.

그때 오랑베르 장군이 걱정스러운 목소리로 물었어요.
"혹시 제복이 최대한 더럽혀지지 않도록 진행해 줄 수 있습니까?"
최선을 다해 보겠다고 약속했어요.
먼저 조직적합성항원(HLA) 검사부터 시작해요. HLA는 체세포 표면에 있는 단백질로 우리 몸의 면역 체계를 관장해요. 검사를 통해 장기를 기증하는 사람과 받는 사람 사이의 백혈구 조직적합성항원이 맞는지, 수혜자의 혈액 내에 공여자에 대한 항체가 존재하는지를 확인해야 해요. 검사 결과 양쪽이 모두 녹색으로 표시된다면 문제가 없다는 뜻이에요.

? **왜 확인 검사를 해야 하나요?**

인체는 몸에 들어온 외부 물질을 공격하는 성질이 있어요. 몸을 보호하려는 거죠. 하지만 장기 이식이 필요할 때는 문제가 돼요. 새롭게 이식된 장기를 받아들이지 않고 거부 반응을 일으킬 수 있기 때문이에요. 그러므로 새로운 장기와 이식을 받을 몸이 조화를 이룰 수 있는지 미리 확인해야 해요.

신장 이식 확인 검사 결과

	신장 분석 결과	환자의 혈액 검사 결과
혈당	0.80 g/l	1.05 g/l
혈액형	A+	A+
아미노 전이 효소	33 U/l	26 U/l
감마지티	19 U/l	30 U/l
적혈구	18 g/dl	14 g/dl
헤마토크릿	48%	42%
HLA	부적합 요소 없음	부적합 요소 없음

2 양쪽의 혈액형이 일치하는지도 확인해야 해요. 그럼 괜찮을 거예요. 이제 **39쪽**으로 가서 수술을 진행해요.

1 두 눈을 비비며 할아버지에게 말했어요.
"감기에 걸리신 것 같아요."
"바닷가에 가면 감기에 걸리기 마련이죠. 무슨 문제라도 되나요?"
"확인해 볼게요. 콧속 점액을 약간만 채취할게요. 이걸 검사하면 더 확실해지거든요. 자, 이제 됐어요."
할아버지가 걱정스러운 목소리로 물었어요.
"현미경으로 보면 뭐가 좀 보이나요?"
"너무 걱정하지 마세요. 초점이 맞을 때까지 조금 기다려야 해요. 자, 여섯 개의 바이러스가 보이네요. 이 중에 주변이 초록색으로 둘러싸인 노란색 바이러스가 있다면 독감이에요. 이런 검사 방법을 '면역 형광법'이라고 불러요."

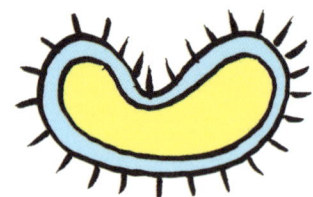

바이러스란 무엇일까요?

아주 작은 크기의 감염성 입자인 바이러스는 스스로 자라지 못하고, 사람이나 동물, 식물 등 다른 생명체에 들어가야만 살아갈 수 있어요. 바이러스 중 일부는 침입한 세포를 파괴하여 병을 일으킨답니다.

2 이번엔 머리를 긁적이게 되네요. 단순한 감기가 분명해요. 독감일 가능성은 전혀 없어요.
아무래도 환자를 헷갈렸나 봐요. 밖으로 나와 맨 끝의 진찰실로 향했어요. 아까 바다표범이 있던 바로 그 진찰실이에요. 뭐, 바다표범도 독감에 걸릴 수 있겠죠. 그런데 병원에 입원할 수 있는지는 모르겠어요. 진찰실에 들어가 보니 웬 탐험가가 몸을 덜덜 떨며 의자에 앉아 있네요. 아깐 분명 바다표범이 있었는데, 꿈을 꾼 건 아니겠죠.

3 "에취!"
탐험가가 큰 소리로 재채기했어요.
"죄송해요. 제가 독감에 걸려서요."
"알아요. 우선 다른 환자에게 전염되지 않도록 격리해야 해요."
"에취! 저, 혹시 바다표범을 데려가도 될까요? 빙하 위에서 함께 자란 친구거든요. 떨어지고 싶지 않아서 벽장 안에 숨겨놨어요."
그렇게 하라고 하자 숨어 있던 바다표범이 미소를 지어요. 이제 **21쪽**으로 가서 잠시 쉬도록 해요.

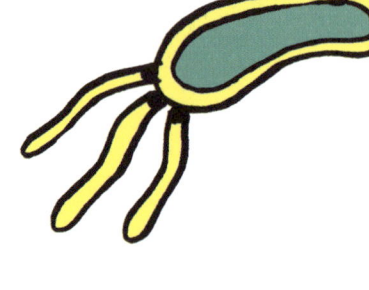

변종 독감 바이러스는 동물에게도 전염될 수 있어요. 새, 돼지, 바다표범, 고양이, 개도 독감에 걸릴 수 있답니다. 이 바이러스들이 사람에게 전염되는 건 아주 드물지만, 일어날 수도 있는 일이에요.

1 오랑베르 장군의 신장은 양쪽 모두 거의 망가졌어요. 이제 수술팀이 다른 사람에게 기증받은 새 신장을 이식해 망가진 신장을 대신하도록 할 거예요. 새 신장 한 개가 신장 두 개의 역할을 다 하죠. 우선은 새 신장이 오랑베르 장군의 몸에 들어가 잘 적응할지 확인하기 위해 두 가지 검사를 할 거예요. 오랑베르 장군의 피를 분석해 새 신장의 혈액 성분과 비교하면 돼요. 그런데 새 신장은 어디에 있죠? 물론 장기 이송용 냉장 용기 안에 있겠죠. 그런데 왜 보이지 않나요?

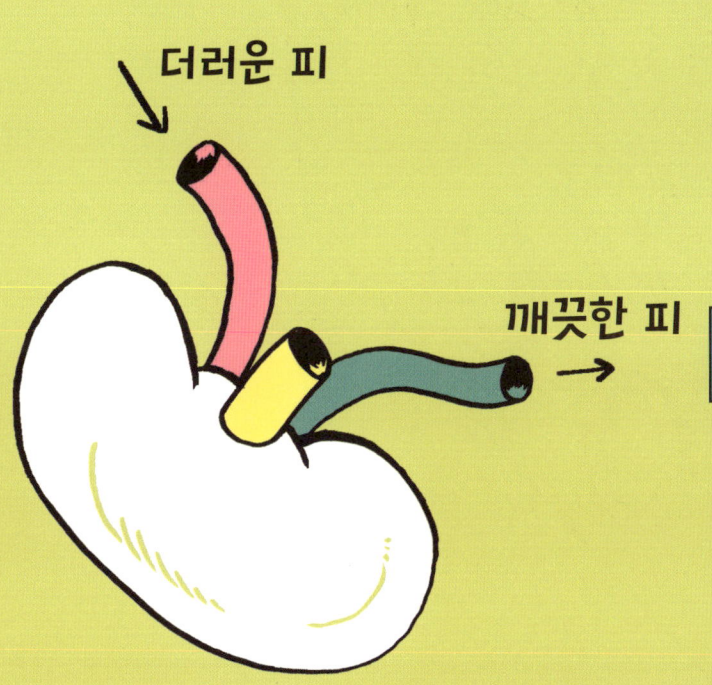

더러운 피

깨끗한 피

? 신장은 어떤 역할을 할까요?

신장은 핏속 노폐물과 독소를 걸러내는 역할을 해요. 걸러낸 노폐물은 오줌으로 만들어 방광으로 보내고, 깨끗해진 피는 신장 혈관을 통해 다시 몸속으로 돌려보내요.

장기 이송용 용기

2 병원이 혼란에 빠졌어요! 장기 이송용 용기가 사라졌거든요. 용기 속에서 신장은 최대 15시간까지만 버틸 수 있어요. 15시간이 넘으면 이식할 수 없어요. 다행히 오랑베르 장군이 천천히 도착했지만….
"제복을 다시 다려 입고 왔습니다."
"네, 뭐…."
그래도 서둘러야 해요! 장기 이송용 용기는 아무래도 병원 어딘가에 잘못 놓여 있는 듯해요. 어서 병원 곳곳을 뒤져 찾아봐요. 빨리요! 찾으면 곧장 **34쪽**으로 가요.

1 신생아 집중 치료실에 도착했어요. 아기에게 많은 선이 연결되어 있네요. 우선 인큐베이터 안에서 아기 체온이 37도로 잘 유지되고 있는지 확인해야 해요. 그런데 선들이 너무 엉켜 있군요. 무엇이 온도를 재는 선인지 찾아봐요.

아기는 코에 연결된 관을 통해 음식물을 섭취해요. 이 관으로 모유를 조금씩 흘려보내는 거예요.

아기의 머리 쪽에 연결된 링거로는 영양제를 투여해요.

가슴에 부착한 세 개의 전극은 심박 측정기와 연결되어 있어요. 심박 측정기를 통해 아기의 심장 박동을 계속 확인할 수 있어요.

어깨에 부착된 온도 조절 장치는 인큐베이터와 연결되어 있어 체온을 일정하게 유지할 수 있도록 해요.

2 이 아기는 며칠 동안 인큐베이터에서 지낼 거예요. 인큐베이터 주변에는 은은한 불빛이 켜져 있고, 소음은 거의 들리지 않아요. 아기의 부모님은 인큐베이터 옆면에 있는 구멍을 통해 손을 넣어 아기를 쓰다듬어 줄 수도 있고, 아기에게 이야기해 줄 수도 있어요. 간호사들도 마찬가지고요. 아기에게 계속 말을 들려주는 건 정말 중요하니까요. 엄마의 냄새가 배어 있는 인형을 넣어 줄 수도 있고요.

3 쌍둥이 중 첫째가 아빠와 살을 맞대고 안겨 있어요. 캥거루처럼 아기를 안고 돌보는 육아 방식을 '캥거루 케어'라고 불러요. 캥거루 케어는 아기의 체온을 유지하는 데 아주 좋을 뿐 아니라 소화, 수면, 호흡, 정서 안정 등에도 도움이 돼요. 앗, 호출이 왔어요! 어디로 가야 하죠? **20쪽** 맞나요? 맞아요! **20쪽**으로 가요.

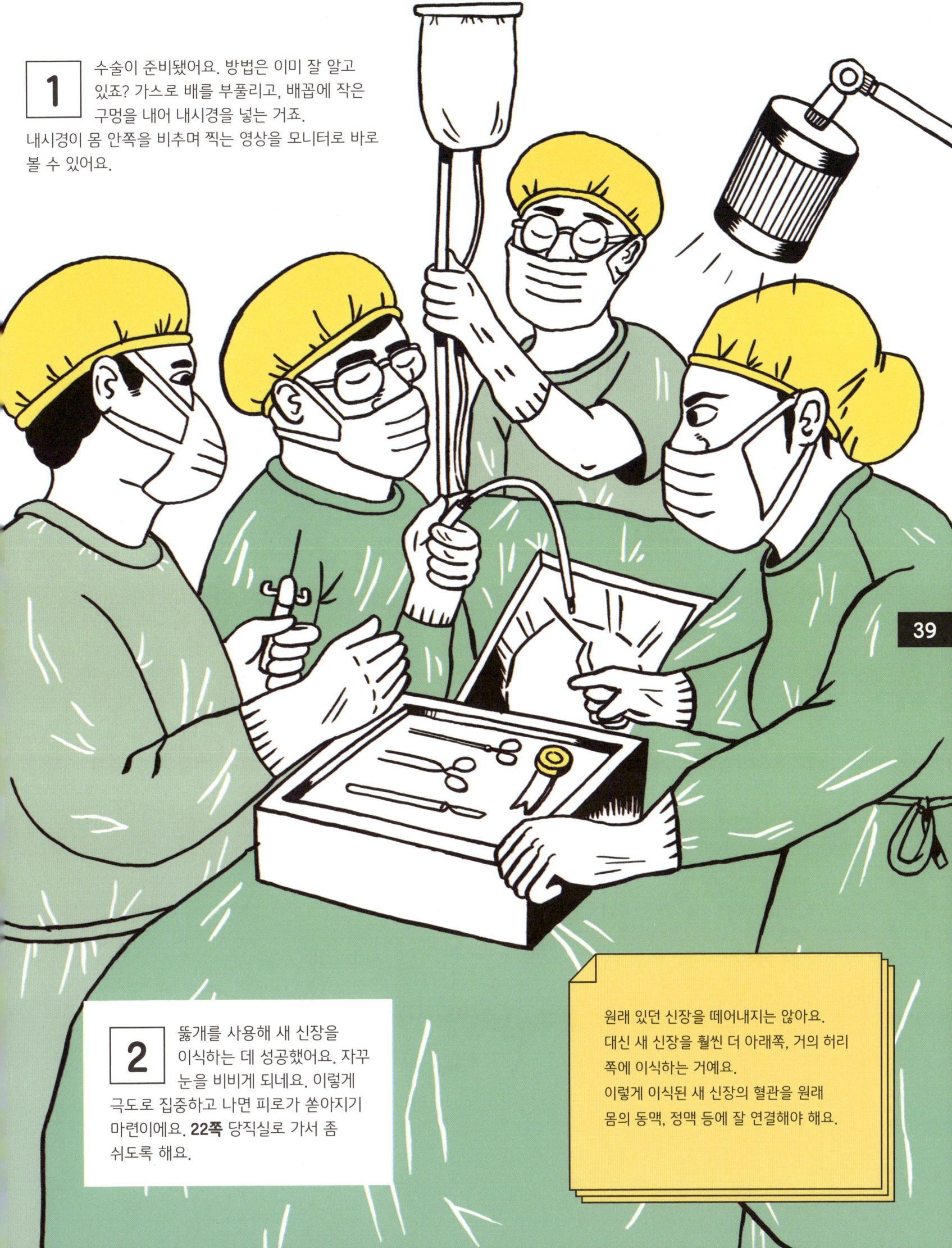

1 맞아요. 정전이 났을 때 베르네르를 봤었네요. 그런데 그는 온몸이 젖어 있었어요. 게다가 손에 든 얼음은 도대체 뭐였을까요? 언제 어디서 얼음물에 빠진 걸까요? 어디인지는 아직 모르겠어요. 하지만 정전 전인 건 확실해요. 어디에 얼음물이 있었는지 찾아볼까요?

갑자기 기억을 잃는 일과성 완전 기억 상실증에 걸린 환자는 대부분 가장 최근에 있던 일들을 잊어버려요. 물론 기억 장애는 그렇게 오래 지속되지는 않아요. 일과성 완전 기억 상실증은 물리적 힘이나 충격을 받았을 때나 체온이 갑자기 변화했을 때 생길 수 있어요.

2 "병원 주차장에서 선생님 머리 위로 아주 많은 얼음이 쏟아졌던 것 같아요. 이건 전형적인 일과성 완전 기억 상실증의 원인 중 하나예요. 체온이 갑자기 떨어지면서 최근의 일들을 잊어버리게 된 거죠."
베르네르는 고개를 저으며 대답했어요.
"얼음이라고요? 엉뚱하군요! 정확히 어디서 그랬다는 겁니까?"

3 길고 긴 하루가 지났어요. 당직 근무도 쉽지 않네요. 아침이 되어 이제 푹 쉴 수 있어요. 병원을 나서기 전에 마지막으로 해야 할 일이 있어요. 앞에 나왔던 병원 내 감염병의 증상들을 모두 다 발견했나요? **43쪽**에 네 가지 증상이 적혀 있어요. 혹시 아직 발견하지 못한 증상이 있다면 다시 책 전체를 꼼꼼히 살펴봐요. 다 발견했다면 네 환자의 혈액을 분석해서 확실한 진단을 내리고 적절한 항생제를 처방해야 해요.

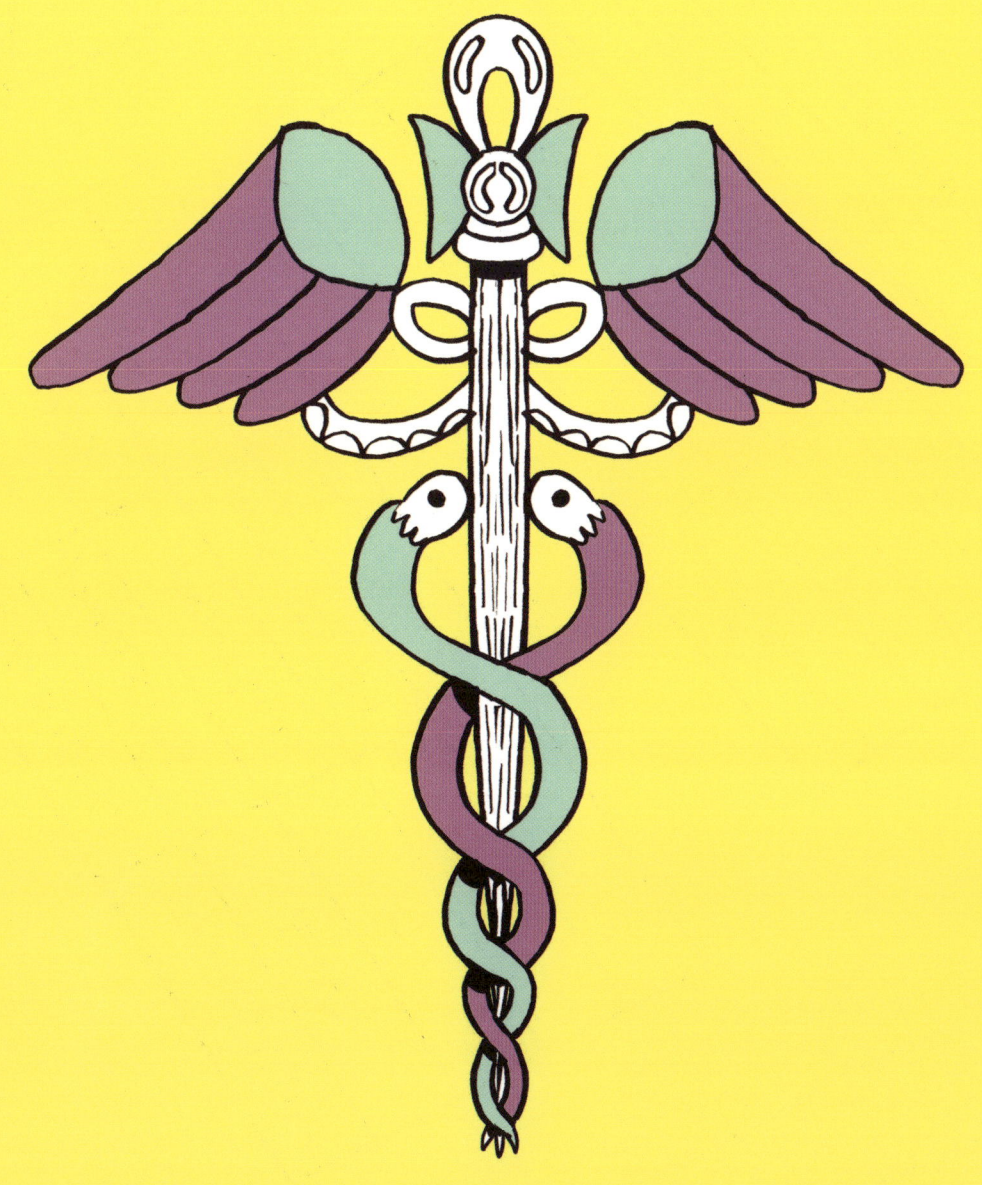

이런, 진단이 잘못됐네요!
환자의 상태가 더 나빠지기
전에 원래 페이지로 서둘러
돌아가도록 해요.

독감-감기 비교표

	독감		감기
	독감	독감(아형)	감기
고열	O(고열)	O	O
기침	O	O	O
인후통	O	O	O
해열	O	X	O
근육통	O	O	O

셰리의 검사 결과

림프구	정상 범위 = 1.5~4g/l	셰리 값 = 2.5g/l
요소	정상 범위 = 2.5~7.5mmol/l	셰리 값 = 3.5mmol/l
CRP	정상 범위 = 6mg/l	셰리 값 = 200mg/l
크레아티닌	정상 범위 = 38~52mmol/l	셰리 값 = 47mmol/l
ALP(알카리성 인산분해효소)	정상 범위 = 10~130U/l	셰리 값 = 70U/l

해답

8시 30분 환자
8쪽   CRP가 6mg/l보다 높아요. 어서 초음파를 봐야 해요!
9쪽   셀림의 증상들은 충수염과 일치해요. 수술을 결단해야 해요.
24쪽 왼쪽부터 순서대로 제2 보조 의사, 순환 간호사, 집도의, 제1 보조 의사, 마취과 의사, 소독 간호사
25쪽 모니터 위쪽에 수술 가위가 보여요. 잊지 않도록 어서 챙겨요!

10시 26분 환자
11쪽 미열 증상이 있는 것으로 볼 때 풍진은 제외할 수 있어요. 눈이 부었으므로 독감과 홍진도 제외하고요.
30쪽 코플릭 반점으로 홍역이란 걸 알 수 있어요.

12시 02분 환자
지금 퍼지고 있는 병원 내 감염병의 네 가지 증상은 다음과 같아요.
  1. 오보에 연주자의 눈 감염 증상(26쪽)
  2. 구내식당에 앉아 있는 빨간 머리 환자의 피부 발진 증상(5쪽)
  3. 응급실 직원의 외이도 감염 증상(7쪽)
  4. 12쪽 환자의 폐 감염 증상(12쪽)

13시 15분 환자
13쪽 7쪽 오른쪽 아래에서 샌드위치를 지저분하게 먹는 사람이에요.
28쪽 폐에 하얀 얼룩들이 나타나지 않았어요. 폐렴은 아니네요.
33쪽 엑스레이로 볼 때 심장이 왼쪽에 있다는 건 실제로는 오른쪽에 있다는 거예요.

14시 47분 환자
응급실-진찰실-엑스레이 촬영실-수술실-2인용 입원실을 한 번에 다 지나갈 수 있는 길은 단 한 개뿐이에요.

15시 52분 환자
17쪽 큰북의 북채에 다친 게 분명해요.
26쪽 35쪽 엑스선 사진을 보면 이 연주자가 자기 악기를 삼켰다는 걸 볼 수 있어요. 4쪽 병원 앞 광고판에 있던 그 연주자네요.
31쪽 끝이 뾰족한 물체는 지휘봉밖에 없어요. 바이올린 연주자는 6쪽 왼쪽 아래에서 바이올린을 들고 있어요.

18시 10분 환자
27쪽 오른쪽 위의 초음파 사진에 두 태아가 보이네요.
32쪽 초음파 사진을 보면 양막이 두 개라는 걸 확인할 수 있어요. 아래쪽에 있는 아기, 그러니까 먼저 태어날 첫째가 더 커요. 그리고 첫 번째 아기는 머리 방향이 아래로, 두 번째 아기는 위로 되어 있어요. 그러니 제왕 절개 수술을 할 필요는 없겠어요.
29쪽 38쪽으로 가요.

21시 06분 환자
42쪽 미열이 있고 근육통은 없으므로 단순한 감기예요.
36쪽 주변이 초록색인 노란색 바이러스는 없어요. 감기가 확실해요.

01시 30분 환자
37쪽 장기 이송용 용기는 14쪽에 있어요. 촬영실 바로 옆에 있는 작은 방에 놓여 있네요.
34쪽 조직적합성항원 검사 결과, 양쪽 모두 녹색으로 표시되어 있어요. 혈액형도 같고요.

05시 23분 환자
22쪽 17쪽을 봐요. 베르네르가 들은 소리는 천둥소리가 아니었어요. 바로 큰북 소리였군요.
23쪽 14쪽 촬영실에 물구나무를 선 베르네르가 있어요. 그가 말한 빨간 불빛은 13쪽 오른쪽 위에 나와 있고요.
40쪽 4쪽을 봐요. '밥차입니다!!'라고 쓰여 있는 작은 트럭 옆에 있네요.

파스칼 프레보 글
프랑스 보주에서 태어나 지금은 알자스에서 살고 있습니다.
아동 문학 저자이자 소설, 시, 다큐멘터리 등을 출판하고 글쓰기 워크숍을 이끌고 있습니다.

안느-샤를로트 고티에 그림
프랑스 스트라스부르 '아르데코 예술학교'에서 일러스트를 공부한 뒤 언론과 어린이 책 전문 삽화가로 활동하고 있습니다.
현재 출판사와 함께 다양한 만화책 프로젝트를 이끌고 있습니다.

김보희 번역
고려대학교 불어불문학과와 한국외대 통·번역 대학원 한불과를 졸업하고 프랑스대사관, 헌법재판소,
KBS, 한국문화예술위원회, 한국개발전략연구소 등에서 다수의 통·번역 활동을 해왔습니다.
잡지 《르 몽드 디플로마티크》 번역 위원을 겸임하며 번역 에이전시 엔터스코리아에서 출판 기획과 프랑스어 전문 번역가로 활동하고 있습니다.
옮긴 책으로는 《출동! 무무스 탐정》, 《자신감》, 《자크 아탈리의 미래 대예측》, 《파괴적 혁신》, 《부자 동네 보고서》, 《경제 성장이라는 괴물》,
《돈을 알면 세상이 보일까》, 《아이반호》 등이 있습니다.

의사의 하루 24시간
24 HEURES DANS LA PEAU DU DOCTEUR VITE, TES PATIENTS T'ATTENDENT!

1판 1쇄 | 2021년 2월 22일
1판 2쇄 | 2021년 11월 15일

글 | 파스칼 프레보
그림 | 안느-샤를로트 고티에
옮김 | 김보희

펴낸이 | 박현진
펴낸곳 | (주)풀과바람
주소 | 경기도 파주시 회동길 329(서패동, 파주출판도시)
전화 | 031) 955-9655~6
팩스 | 031) 955-9657
출판등록 | 2000년 4월 24일 제20-328호
블로그 | blog.naver.com/grassandwind
이메일 | grassandwind@hanmail.net

편집 | 이영란
마케팅 | 이승민

값 14,000원
ISBN 978-89-8389-891-3 77510

First published in France under the title:
24 heures dans la peau du docteur
Vite, tes patients t'attendent !
Pascal Prévot, Anne-Charlotte Gautier © 2020,
De La Martinière Jeunesse, une marque des Éditions de La
Martinière, 57 rue Gaston Tessier, 75019 Paris
Korea translation rights © GrassandWind Publishing, 2021
This edition was published by arrangement with
Éditions De La Martinière through THE Agency, Korea.

이 책의 한국어판 저작권은 THE 에이전시를 통해
저작권자와 독점 계약한 ㈜풀과바람에 있습니다.
저작권법에 의해 한국 내에서 보호를 받는 저작물이므로
무단 전재와 복제를 금합니다.

※ 잘못 만들어진 책은 구입처에서 바꾸어 드립니다.

제품명 의사의 하루 24시간	**제조자명** (주)풀과바람	**제조국명** 대한민국
전화번호 031)955-9655~6	**주소** 경기도 파주시 회동길 329
제조년월 2021년 11월 15일	**사용 연령** 6세 이상

KC마크는 이 제품이 공통안전기준에 적합하였음을 의미합니다.

⚠ **주의**
어린이가 책 모서리에
다치지 않게 주의하세요.